LE DIX DÉCEMBRE

ET

LE TREIZE MAI

PRIX : 5 CENTIMES

PARIS

GARNIER FRÈRES, LIBRAIRES

PALAIS-ROYAL

1er Mai 1849

LE DIX DÉCEMBRE

ET

LE TREIZE MAI

Qu'avons-nous fait le 10 décembre 1848 ?

Qu'avons-nous à faire le 13 mai 1849 pour être conséquents avec nous-mêmes, pour ne pas nous démentir, pour achever l'œuvre que nous avons commencée ?

Voilà ce que je veux examiner avec vous simplement, sincèrement, sans rien taire et sans rien exagérer.

Qu'avons-nous fait le 10 décembre ?

Pour nous en bien rendre compte, il est nécessaire de remonter jusqu'au 24 février.

Ce jour-là, on le sait, la République nous est arrivée de Paris, fort peu attendue, fort peu goûtée ; était-elle, comme le prétend M. de Lamartine dans son *Conseiller du peuple*, la conséquence inévitable des derniers événements? Ou bien, n'y faut-il voir qu'un de ces escamotages que M. Ledru-Rollin a si bien expliqués à Bourges, quand il a dit :

« Croyez-vous que les révolutions se fassent

en disant *le mot* pour lequel elles se font? pas le moins du monde. On s'empare de toutes les circonstances qu'on juge propres à émouvoir l'opinion publique, *et en un tour de main, le gouvernement est renversé.* »

C'est une question qui est au-dessus de mon intelligence, et que je ne me permets pas de décider. Quoi qu'il en soit, nécessaire ou accidentelle, nous avons accepté la République, d'abord et avant tout, parce qu'elle existait, et que pour la détruire il eût fallu faire un grand effort et donner le signal de la guerre civile; ensuite, parce qu'à vrai dire nous étions assez las de voir les dynasties succéder les unes aux autres sans qu'aucune parvînt à durer et à nous donner au delà de quinze à dix-huit ans l'ordre et le repos dont nous avons tant besoin ; enfin, parce qu'il ne nous déplaisait pas de nous gouverner nous-mêmes, et d'exercer à notre tour le droit de suffrage dont nous avions tant entendu parler.

On nous promettait, d'ailleurs, une foule de belles et bonnes choses qui nous charmaient, qui nous tentaient, qui nous faisaient venir l'eau à la bouche. L'État devait lever très-peu d'impôts, et pourtant avoir assez d'argent pour donner du travail à tout le monde ; le blé devait se vendre cher et le pain bon marché; chacun, en un mot, par une sorte d'assurance mutuelle, devait être logé, nourri, vêtu, instruit aux frais de son voisin. Quelques-uns nous disaient bien que tout cela n'était pas possible, et qu'on se moquait de nous. Tout cela pourtant valait la peine d'être essayé.

Malheureusement, avant même les élections du mois d'avril, nous commencions à craindre d'avoir plus perdu que gagné.

Ainsi, nous avions souvent trouvé que les fonctionnaires du dernier gouvernement étaient rudes et fiers pour les pauvres gens, et voilà que tout à coup une volée de commissaires, sous-commissaires, délégués des clubs, etc., s'abattait sur nous, comme des oiseaux de proie, investis de pouvoirs illimités, décrétant des emprunts forcés, suspendant ou destituant les magistrats qui avaient notre confiance, brisant brutalement nos municipalités, choisissant partout, pour les mettre à notre tête, les plus mauvais, les plus tarés d'entre nous.

Nous nous plaignions que notre argent, l'argent que le percepteur vient nous demander chaque mois, ne fût pas toujours bien dépensé, et nous voyions notre argent employé à payer les ateliers nationaux, à donner aux commissaires un traitement double des préfets, à solder les délégués des clubs, en un mot, à entretenir sur tous les points de la France, la paresse, le désordre et l'agitation.

Nous demandions qu'on allégeât le poids des impôts, et aux impôts que nous payions déjà on ajoutait les 45 centimes. Encore l'avons-nous échappé belle, puisque M. Ledru-Rollin voulait 1 fr. 50 cent., c'est-à-dire trois fois plus.

Nous regrettions que l'argent fût si rare, et par suite de la terreur que les commissaires, sous-commissaires, délégués des clubs, répandaient partout, l'argent disparaissait tout à fait, de telle sorte que nous restions à côté de nos denrées, sans pouvoir en tirer parti. Il est vrai que pour remplacer *l'infernal capital*, M. Ledru-Rollin songeait à rétablir les assignats sous le nom de *papier-monnaie*. Mais nous savons ce que valent les assignats, et le remède nous paraît pire que le mal.

Nous en étions là quand, le dimanche de Pâques, nous fûmes tous appelés à mettre dans l'urne électorale le nom de ceux qui allaient nous représenter. Au lieu de nous laisser voter chez nous paisiblement, selon nos lumières et notre conscience, on nous avait enjoint d'aller au chef-lieu de canton, ce qui nous paraissait assez singulier. Mais nous comprîmes aisément pourquoi on avait tenu à nous déplacer, quand en arrivant nous fûmes entourés par des gens de mauvaise mine qui visitaient de force nos bulletins, et qui déchiraient ceux qui ne leur convenaient pas.

C'est ainsi que les commissaires, sous-commissaires, délégués des clubs, etc., respectaient le suffrage universel et entendaient la liberté. On avait d'ailleurs grand soin de nous prévenir que nous ne devions pas nommer les hommes que nous aimions, vu qu'en arrivant à Paris, ils étaient sûrs d'être jetés à la Seine. Mieux valait, dans leur intérêt comme dans le nôtre, les garder auprès de nous pour une meilleure occasion.

Malgré cela, beaucoup d'entre nous tinrent bon, et une Assemblée fut élue que la France presque entière accueillit sinon avec enthousiasme, du moins avec satisfaction. Ce que nous demandions avant tout à cette Assemblée, c'était, pour sa bien venue, de nous délivrer des commissaires, sous-commissaires, délégués des clubs, etc., et de leur chef M. Ledru-Rollin. Aussi fûmes-nous un peu surpris, un peu désappointés, quand nous apprîmes que les commissaires, sous-commissaires, délégués des clubs, etc., étaient très-puissants dans l'Assemblée, et qu'ils avaient eu assez de crédit pour faire nommer leur chef, M. Ledru-Rollin, un des cinq directeurs. A dater de ce moment il nous fut aisé de prévoir que rien ne changerait et que les choses iraient de mal en pis : c'est ce que les événements du 15 mai et ceux du 23 juin se chargèrent bientôt de prouver.

Après le 23 juin, nous recommençâmes à espérer. Pour venir à bout de l'insurrection, le gouvernement, en effet, avait fait appel à nous habitants des campagnes, à nous paysans, et nous étions accourus, la blouse sur le dos, un morceau de pain dans notre poche, un méchant fusil à la main pour empêcher le sac et la ruine de Paris. J'étais moi-même de ceux que l'Assemblée nationale passa en revue au bout du pont de la Concorde, et je me souviens des compliments que nous recevions et de l'enthousiasme qui nous animait tous. En retournant chez nous, nous nous disions, dans notre gros bon sens, qu'enfin le règne des commissaires, sous-commissaires, délégués des clubs, etc., devait être fini, et que les braves gens, les hommes d'ordre, ceux que nous sommes habitués à respecter, seraient enfin chargés de faire nos affaires. Nous pensions en un mot que l'honorable général Cavaignac aimerait mieux s'appuyer sur ceux qui étaient venus à son aide que sur ceux qui l'avaient attaqué ou mollement défendu.

C'était là, j'en suis convaincu, l'intention de l'honorable général Cavaignac. Par malheur, il en fut empêché par les commissaires, sous-commissaires, délégués des clubs, etc., qui bourdonnaient autour de lui, qui l'obsédaient, qui le trompaient, qui lui soufflaient leurs ombrages et leurs haines. La conséquence, c'est que l'honorable général Cavaignac hésita, qu'il perdit du temps, et que, trois mois après le 23 juin, nous étions aussi avancés qu'auparavant. Un jour pourtant l'honorable général Cavaignac se ravisa et parut rompre définitivement avec les commissaires, sous-commissaires, délégués des clubs, etc., mais il était trop tard, et la confiance ne pouvait plus se rétablir.

Si maintenant on demande ce que nous avons voulu faire le 10 décembre, il est aisé de le dire.

Nous avons voulu, à défaut du grand Empereur, mettre à la tête du gouvernement un de ses parents, celui qui, plus que tout autre, devait avoir à cœur de l'imiter.

Nous avons voulu créer un pouvoir fort, indépendant, qui, en rappelant la confiance, pût faire fleurir le commerce, prospérer l'agriculture.

Nous avons voulu échapper au joug des commissaires, sous-commissaires, délégués des clubs, etc., et de tous leurs complices, soit dans le gouvernement, soit dans la rue.

Nous avons voulu, en un mot, sortir de l'état révolutionnaire, qui nous plaît et nous profite peu, pour entrer dans un état paisible et régulier.

Voilà ce que nous avons voulu le 10 décembre. Si nous n'avons pas complétement réussi, ce n'est ni notre faute ni celle de notre élu ; c'est la faute de ceux qui n'ont rien négligé, rien épargné pour le contrarier, pour l'entraver, pour lui susciter des obstacles ; c'est surtout la faute de l'Assemblée, qui, au lieu de se dissoudre promptement comme elle aurait dû le faire, a voulu se perpétuer, et qui, en se perpétuant, a prolongé l'état provisoire , l'état fâcheux où nous sommes.

Maintenant, qu'avons-nous à faire le 13 mai pour être conséquents avec nous-mêmes, pour ne pas nous démentir, pour achever l'œuvre du 10 décembre?

Nous avons à choisir des représentants qui n'arrivent pas, comme ceux qui s'en vont, avec la résolution arrêtée, avec le parti pris de contrarier, d'entraver le président de la République et de voter contre toutes les mesures proposées par les ministres.

Nous avons à choisir des représentants qui n'aillent pas courir les clubs pour y prêcher la révolte et l'anarchie ; qui, en cas d'émeute, sympathisent avec la garde nationale, avec l'armée, et non avec les insurgés ; qui ne cherchent pas, en un mot, par tous les moyens, à affaiblir, à démolir le gouvernement.

Nous avons à choisir des représentants qui aient quelque chose à perdre aux révolutions et qui ne désirent pas de nouveaux bouleversements afin de pêcher en eau trouble.

Au surplus, si nous voulons savoir pour qui nous devons voter le 13 mai, nous qui, le 10 décembre, avons voté pour Louis-Napoléon Bonaparte, le moyen est bien simple, c'est de regarder qui approuve notre élu et qui le blâme, qui le loue et qui l'injurie.

Or, parmi les journaux modérés ou, si l'on aime mieux, réactionnaires, il n'en est pas un qui ne rende justice à l'élu du 10 décembre et qui ne lui promette son appui.

Parmi les journaux démocrates, socialistes, il n'en est pas un, au contraire, qui, chaque jour, ne l'accable des injures les plus odieuses. Et ce ne sont pas seulement ces journaux, ce sont aussi les représentants de même couleur. Ainsi il y a un représentant, M. Félix Pyat, qui, un beau jour, dans un banquet socialiste, s'est avisé de boire à la santé de nous autres paysans, et qui a eu l'attention de nous envoyer son discours. Ce que j'y ai vu de plus clair, c'est qu'il traite le président de la République comme personne chez nous n'oserait traiter un simple journalier. Il y a un autre représentant, M. Crémieux, qui, le 24 février, à midi, était dans le cabinet de Louis-Philippe, protestant de son dévouement à la monarchie constitutionnelle; qui, le même jour, à deux heures, rédigeait un discours pour madame la duchesse d'Orléans, régente du royaume; qui, le même jour encore, à quatre heures, proclamait la République comme membre du gouvernement provisoire, et qui, aujourd'hui, est chargé par les rouges d'exposer à l'Assemblée nationale les moyens de mettre en accusation le président de la République. Or, on lit dans le rapport de ce M. Crémieux, que le président de la République est coupable de haute trahison et peut être condamné à la déportation, si son gouvernement laisse l'Assemblée dans l'inaction où s'il garde des ministres qui déplaisent à la majorité. On y lit encore que si le premier venu *soupçonne* le président de la République, soit de réunir des troupes pour attaquer l'Assemblée, soit de n'en pas réunir pour la défendre, ce premier venu n'a qu'à déposer une dénonciation entre les mains de M. Marrast, pour qu'aussitôt M. Marrast, président, assisté de MM. Laussédat, Degeorge, Péan et Jules Richard, secrétaires, puisse faire subir un interrogatoire au président de la République, le confronter avec le dénonciateur, et, au besoin, l'envoyer en prison. Ainsi, par impossible, l'Assemblée veut que M. Crémieux soit ministre, et le président de la République a le mauvais goût de s'y refuser ; c'est un crime de haute trahison que M. Crémieux punit de la déportation. Ou bien, le matin, en entendant battre le rappel, un portier de la place Maubert imagine que c'est pour mettre l'Assemblée à la porte, vite il signe une dénonciation, et, sur cette dénonciation, le président comparaît devant M. Marrast à titre d'accusé.

Voici, au reste, d'après les derniers journaux que j'ai lus, comment la question électorale paraît se présenter. Il y a des républicains écarlates qui, après avoir renversé le président, ne veulent rien moins que supprimer la religion, abolir la famille, détruire la propriété. Ceux-là, d'un bout à l'autre de la France, s'entendent parfaitement et font de grands efforts pour en venir à leurs fins.

Derrière les républicains écarlates il y a les républicains rouges qui trouvent que leurs *frères* vont un peu loin, mais qui, pour ne pas rester seuls, sont disposés à leur concéder sinon la totalité, au moins une bonne moitié de la religion, de la famille, de la propriété.

Il y a, de l'autre côté, tous les hommes d'ordre, tous ceux qui veulent maintenir et aider le président, tous ceux qui pensent que sans la religion, sans la famille, sans la propriété, l'homme serait réduit à l'état de brute. Bien qu'ils aient appartenu jadis à des partis différents, ces hommes d'ordre ont compris le besoin de se réunir, de se serrer les uns contre les autres, et d'opposer partout une masse compacte à l'ennemi.

Ainsi deux partis, deux drapeaux, deux listes seulement ; c'est entre ces partis, entre ces drapeaux, entre ces listes, que nous avons à choisir. Peut-on penser que notre choix soit douteux un seul instant ?

Il y a quatre mois, malgré bien des conseils contraires, nous avons nommé Louis-Napoléon Bonaparte président de la République, et nous irions aujourd'hui envoyer à Paris des représentants qui veulent le renverser ou le déshonorer !

Il y a quatre mois nous avons prouvé que nous étions fort peu satisfaits des hommes qui nous ont gouvernés après la révolution de février, et nous irions rendre à ces hommes le pouvoir que nous leur avons ôté !

Il y a quatre mois nous avons protesté avec éclat par six millions de suffrages contre ceux qui chaque jour attaquent la religion, la famille, la propriété, et nous irions les aider nous-mêmes à démolir la propriété, la famille, la religion !

En vérité, c'est nous supposer par trop ignorants, par trop inconséquents, par trop absurdes. Et qu'on ne vienne pas, pour gagner nos suffrages, nous dire que nous sommes pauvres, que d'autres sont riches, et qu'en les rendant pauvres comme nous nous en serons plus heureux. Nous savons d'abord qu'il y a très-peu de riches en France ; ensuite que s'ils n'y étaient pas, c'est une grande ressource qui nous manquerait. Est-ce que ce ne sont pas les riches qui, dans les temps difficiles, quand le travail se ralentit ou que le blé est cher, nous aident à traverser la morte saison ? Est-ce que ce ne sont pas les riches qui, il y a deux ans, lors de la grande disette, ont dépensé pour nous faire vivre non-seulement leurs revenus, mais une partie de leur capital, de ce capital que maudissent les socialistes ? Supprimez les riches, vous aurez supprimé le fonds de réserve où tout le monde est appelé à puiser en cas de détresse. Sans doute il en est de mauvais qui s'inquiètent peu de nos misères et qui sont pour nous comme s'ils n'existaient pas. Mais, grâce à Dieu, il en est aussi de bons, et nous serions insensés si, parce que les uns ne nous servent à rien , nous méconnaissions le bien que nous font les autres.

En résumé, il faut le reconnaître et tout le monde en convient, la République jusqu'ici n'a pas fait notre bonheur.

Le Peuple dit que c'est parce qu'elle a eu la faiblesse de maintenir l'*infâme* propriété, de respecter l'*infernal* capital.

La Révolution démocratique et Sociale affirme que c'est parce qu'elle n'a pas osé traiter Louis-Philippe comme la première république a traité Louis XVI, et restaurer purement et simplement la Terreur.

La Réforme prétend que c'est parce qu'elle n'a point donné plein pouvoir à M. Ledru-Rollin et remplacé l'argent qui s'enfuyait par le papier-monnaie,

La Démocratie pacifique soutient que c'est parce qu'elle n'a point concédé à M. Considérant, 1,600 hectares de terre pour y construire, aux frais des contribuables, un grand couvent où lui et ses amis vivraient à l'aise.

Le National maintient que c'est parce que les rédacteurs, les commis, les employés du *National* ne sont pas tous ministres, directeurs généraux, préfets, sous-préfets, receveurs généraux ou particuliers, possesseurs de bureaux de poste ou de bureaux de tabac.

Pour nous, nous disons que c'est parce qu'on a attaqué la propriété, effrayé le capital, prêché la terreur, vanté le papier monnaie, caressé

les folies socialistes, livré la France aux rédacteurs du *National*.

Quoi qu'il en soit, deux chemins sont ouverts
devant vous : l'un qui retourne au 24 février,
l'autre qui part du 10 décembre ; l'un qui nous
ramène à la politique des commissaires, à l'é-
meute en permanence, à la banqueroute, au
papier-monnaie, à la ruine ; l'autre qui nous
conduit au calme dans les rues, à l'ordre dans
les finances, à la reprise des affaires, à la pro-
spérité générale. Suivrons-nous le premier de
ces chemins avec M. Ledru-Rollin, ou le se-
cond avec Louis Napoléon ? C'est là toute la
question.

UN PAYSAN.

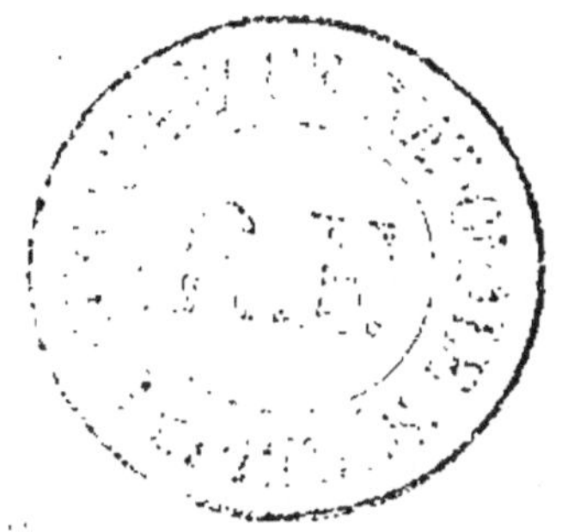

Paris.— Imprimerie de J. CLAYE et Cᵉ,
Rue Saint-Benoît, 7.

www.ingramcontent.com/pod-product-compliance
Lightning Source LLC
Chambersburg PA
CBHW061842060726
47597CB00008B/3574